Wohnen mit Pflanzen

Klaus Wagener
Hella Henckel

Grüne Ideen fürs Zuhause

BLOOM's by Ulmer

Inhaltsverzeichnis

Vorwort

Natur tut gut! Der Trend, ein Gegengewicht zum technisierten Alltag zu schaffen, macht vor unserem Zuhause nicht halt. Die neue Lust an Pflanzen ist sein schönster Ausdruck.

Längst ist aus Omas Blumenfenster ein Thema für Innenarchitekten und Floraldesigner geworden: Das Wohnzimmer wird zum einladenden Feierabend-Treffpunkt für die ganze Familie, im Homeoffice sorgt Grün für einen klaren Geist, das Schlafzimmer mausert sich zur entspannenden Oase und aus dem funktionalen Bad wird ein Spa, in dem Körper und Seele zur Ruhe kommen. Mit der geschickten Auswahl von Zimmerpflanzen lassen sich Räume ganz neu gestalten.

Dieses Buch zeigt nicht nur Gestaltungsideen, die Lust auf Pflanzen im Haus machen. In fundierten Porträts stellt es natürliche Schönheiten und extravagante Diven in Grün vor und gibt leicht verständliche Pflegetipps für langen Spaß mit den grünen Mitbewohnern. Prägnante Symbole zeigen auf einen Blick, was zu tun ist. Denn ein wenig sind Pflanzen wie Menschen: Sie brauchen Nahrung, Wasser, Sonne und ein bisschen Zuwendung.

Pflegesymbole

Standort

Die Pflanze verträgt direkte Sonnenbestrahlung.

Die Pflanze mag es hell, aber nicht direkt besonnt.

Die Pflanze verträgt einen leicht schattigen Standort.

Wassergaben

Die Pflanze benötigt regelmäßig hohe Wassergaben.

Die Pflanze benötigt mäßige Wassergaben.

Die Pflanze muss wenig gegossen werden.

Dünger

Die Pflanze benötigt regelmäßig hohe Düngergaben.

Die Pflanze benötigt mäßige Düngergaben.

Die Pflanze muss wenig gedüngt werden.

Luftfeuchtigkeit

Die Pflanze sollte häufig übersprüht werden.

Die Pflanze sollte gelegentlich übersprüht werden.

Die Pflanze darf nicht übersprüht werden.

Adiantum raddianum

Dreieckiger Frauenhaarfarn, Venushaar

Manchen Räumen fehlt einfach der frische Wind. Versuchen Sie's mal mit Frauenhaarfarn. Mit seinen zarten, feinen Blättchen in frischem Grün bringt er Frühlingsflair ins Haus.

Seine filigrane Anmut begeistert viele Pflanzenliebhaber, doch er ist auch anspruchsvoll. Gleichmäßig warm und feucht liebt es das aus den Regenwäldern der Tropen und Subtropen stammende Frauenhaargewächs (Adiantaceae). Deshalb sollte unbedingt regelmäßig mit zimmerwarmem, kalkarmem Wasser gegossen und die zarte Schönheit viel übersprüht werden. Besser ist es sogar, die Pflanze auf ein feuchtes Kiesbett zu stellen, um ihr die entsprechende Luftfeuchtigkeit zukommen zu lassen. Auch ihr Wurzelballen darf nie trocken werden, sonst reagiert sie mit Braunfärben und Vertrocknen der zarten, mit kleinen Fiederblättchen besetzten Wedel. Anfällig ist sie für Schildläuse, Thripse und Schnecken.

Hellgrün und kühles Metall: Eine Kombination, die für den nötigen Frischekick im Badezimmer sorgt. Das Pflanzendoppel mit dem besonders gekrausten Wedel schafft auf dem Wannenrand gutes Raumklima und schirmt Nixen ab.

Aechmea fasciata
Lanzenrosette, Aechmee

Grau? Wow! Die Farbe, die auf den ersten Blick so unscheinbar daherkommt, wirkt in der Wohnung edel und wie von Designerhand geschickt eingesetzt. Ein Farbspiel, das Sie auch mit Pflanzen wie der Lanzenrosette betonen können und das überraschende Effekte erzielt.

Die bekannteste und widerstandsfähigste Vertreterin der Bromeliengewächse (Bromeliaceae) geizt nicht mit ihren Reizen. Die in den attraktiven rosa Hochblättern sitzenden violetten Blüten sind als Ganzes eine wahre Pracht. Diese hält bis zu drei Monaten. Danach stirbt die Pflanze. Doch die Natur hat vorgesorgt. Meist hat die tropische Schönheit rechtzeitig Nachwuchs in Form seitlicher Ableger gebildet. Die Aechmee verträgt selbst trockene Zimmerluft. Gegossen werden will sie bei warmen Zimmertemperaturen mit kalkfreiem Wasser, auch ihre trichterförmige Blattrosette (Zisterne) ist zu füllen. Saugschuppen leiten das Wasser in das Pflanzengewebe weiter. Bei tiefen Temperaturen neigt sie zu Fäulnis.

Die pinkfarbenen Blüten der Lanzenrosette haben einen wirkungsvollen Auftritt auf einer so edlen Bühne. Ein grauer Topf, Steine zur Abdeckung der Erde und die grau schimmernden Blätter lassen die Blüte effektvoll leuchten.

Aeonium arboreum

Rosettenbäumchen, Dickblattrosette, Aeonie

Holen Sie sich die Natur ins Wohnzimmer! Wie ein kleiner Baum wirkt das Rosettenbäumchen in Ihrem Zuhause und ersetzt als grüner Blickfang schon mal einen frischen Blumenstrauß.

Die baumartig aufstrebende und sich verzweigende Sukkulente mit den dichten Blattrosetten ist eine wahre Attraktivität. Das aus felsigen Regionen der Kanaren oder aus Nordafrika stammende Dickblattgewächs (Crassulaceae) ist eine der attraktivsten, bis zwei Meter groß werdenden Baum-Aeonien. Die Rosetten haben saftig grüne, rötliche oder gelbliche Farben. Aus ihrer Mitte heraus wächst nicht selten ein fein verästelter, blassgelber Blütenstand. Nach der Blüte stirbt die Rosette ab. Die Aeonie will einen hellen, vollsonnigen Standort und wenig Wasser. Im Winter bei kühleren Zimmertemperaturen gerade so viel gießen, dass sie nicht schrumpft. Anfälligkeit zeigt sie für Woll- und Blattläuse.

Mini-Biotop auf dem Esstisch: In einer ausladenden Schale fühlt sich das Rosettenbäumchen wohl, und mit einem Arrangement aus Steinen und Kugeln stellt es eine Landschaft en miniature dar.

Aeonium haworthii

Rosettendickblatt, Ewigblatt

Zen im Pflanzenreich? Die konzentrisch angeordneten Blätter des Ewigblatts regen den Betrachter zu meditativen Gedanken an. Wer es grafisch-architektonisch in seinem Wohnumfeld mag, findet mit diesen genügsamen Pflanzen formvollendete Grünpartner.

Die sukkulente Pflanze fasziniert aufgrund ihrer interessanten Struktur. Die meisten der zur Familie der Dickblattgewächse (Crassulaceae) gehörenden Arten bleiben stammlos und damit niedrig mit ihrer Blattrosette, allerdings bildet Aeonium haworthii am Naturstandort einen baumartigen Stamm bis zu einen Meter. Diese Pflanze nutzt ihre Blätter als Wasserspeicher und kommt somit sehr lange ohne Wasser aus. Sonnige bis halbschattige Standorte sind ihr angenehm, im Sommer steht sie auch gerne draußen. Dann sollte sie allerdings gegen Regen geschützt werden, um Faulen durch Nässe zu vermeiden. Während sie es im Sommer gerne warm liebt, sollte man ihr im Winter kühlere Temperaturen um 10 Grad genehmigen.

Setzen Sie grüne Akzente an ungewöhnlichen Orten: Die pflegeleichten Rosettendickblätter wirken im Regal wie ein kleines Kunstwerk und sind doch hundert Prozent Natur. Paarweise aufgestellt, wirken sie wie von Designerhand arrangiert. Mit diesem Trick kann man auch kleine, unauffällige Pflanzen effektvoll in Szene setzen.

Alocasia macrorrhiza

Riesenblättriges Pfeilblatt, Riesen-Alokasie

Einen Auftritt in XXL hat das Riesenblättrige Pfeilblatt. Mit seinen riesigen, glänzend dunkelgrünen Blättern holt es ein Stück Urwald ins Wohnzimmer und schafft ein natürliches, gemütliches Ambiente.

Diese Art ist die größte der als Zimmerpflanzen zu haltenden Alokasien. Das aus dem tropisch-warmen Sri Lanka stammende Aronstabgewächs (Araceae) liebt neben warmen Zimmerstandorten helle aber nicht voll sonnige Plätze. Regelmäßiges Gießen und Düngergaben mit zimmerwarmem Wasser sowie häufiges Übersprühen kommen ihrer Vorliebe fürs feucht-warme Klima entgegen. Auch sollten von Zeit zu Zeit ihre großflächigen, attraktiven, dunkelgrün glänzenden Blätter mit einem feuchten Lappen von Staub befreit werden. Die stattliche Solitärpflanze dankt dies mit vitalem Wuchs. Spinnmilben, Blatt-, Woll- und Schildläuse sind ihre Feinde an weniger optimalen Standorten.

Als Solitärpflanze verleiht die Alokasie dem Wohnraum tropisches Flair und haucht ihm Vitalität ein. Mit dem grünen Riesen lassen sich schnell weniger attraktive Ecken stimmungsvoll aufwerten.

Alocasia sanderiana

Pfeilblatt, Alokasie, Tropenwurz

Die interessantesten Kunstwerke schafft die Natur selbst – die auffälligen Blätter der Alokasie sind der beste Beweis dafür: Auf dunkelgrünem Grund heben sich die prägnanten hellen Adern deutlich ab, ein Werk, das Kunstkenner zu Begeisterungsstürmen hinreißen würde und modernem Wohnraum Galerieatmosphäre verleiht.

Die pfeilförmige Gestalt der Blätter einerseits, ihre stark glänzenden, dunkelgrünen Blätter mit den weißen Adern und gebuchteten Rändern andererseits machen diese Blattpflanze aus der Familie der Aronstabgewächse (Araceae) zu einer attraktiven Solitärpflanze. Beheimatet in den tropischen Regenwäldern, liebt sie warme Temperaturen bei hellem aber nicht sonnigem Standort. Gelegentliches Übersprühen kommt ihrem Bedarf nach Luftfeuchtigkeit entgegen. Regelmäßige Nährstoffgaben dankt sie mit guter Ausläufer- und zügiger Blattbildung. Bei trockener Raumluft besteht Anfälligkeiten gegen Spinnmilben, Woll- und Blattläuse, bei kaltem Standort verfärben sich die Blätter braun.

Viva la Diva! Als extravagante Schönheit hat die Alokasie einen glanzvollen Auftritt mit Federboa und Glitzerkristallen. Ein funkelnder Metalltopf in Hammerschlagoptik bietet ihr die perfekte Bühne. So kann sie sich im modernen Wohnambiente gut behaupten und stiehlt selbst Designermöbeln schnell die Show.

Aloe vera

Echte Aloe, Bitteraloe

Beauty-Behandlung fürs Wohnzimmer: In Cremetiegeln und Fitnessdrinks macht sie uns schön und gesund. In der Wohnung ist die Echte Aloe ein Genuss fürs Auge. Die bizarre Pflanzengestalt passt perfekt zum aktuellen sachlichen Look.

Auch Cleopatra wusste bereits um ihre zellstraffende Wirkung zugunsten der Schönheit. Mit den Inhaltsstoffen dieses Liliengewächses (Liliaceae) betupften unsere Großmütter schon Brandwunden und heilten sie mit dem kühlenden, gelartigen Saft der langsam wachsenden, genügsamen Pflanze. Sie ist ideal für Pflanzenmuffel, denn sie kommt mit wenig Wasser- und Düngergaben aus. Auch ein sonniger Standort schadet der aus trockenen Wüstenregionen stammenden Rosettenpflanzen nicht. Nur ein entscheidender Pflegefehler kann der wehrhaften Pflanze etwas anhaben: Staunässe verträgt die Aloe überhaupt nicht.

Topf in Topf: Im trendigen Outfit ergänzt die schlichte Aloe harmonisch die modernen Möbel: Ein weißer Topf steckt in einem Glasgefäß, das mit Draht und kleinen Zweigen umrankt ist.

Ganz schön verwickelt, dieses Pflanzenstyling. Die Aloe sitzt in einem gläsernen Topf, der mit Bimsstein-Granulat gefüllt ist und für die attraktive Optik sorgt. Drumherum sind Schnüre aus dem Trendmaterial Filz gewunden und geknotet.

Starke Kontraste machen aus der optisch zurückhaltenden Pflanze einen Blickfang auf dem Sideboard. Das Schwarz der ausladenden Schale und die roten Stäbe wirken elegant und edel.

Natur im Doppelpack: Knorrige Weißdornzweige sind zwischen die Aloe gesteckt. In einem Duett mattschwarzer Töpfe ist dieses Arrangement ein Ruhepol für die Augen.

Grafisches Styling fürs bizarre Grün

Asparagus densiflorus `Sprengeri`

Zierspargel, Sprengers Zierspargel

Fedrig leicht und duftig: Der Zierspargel nimmt geradliniger Architektur die Strenge und verbreitet mit seinem frischen Grün einen Hauch Optimismus. Ältere Pflanzen mit bis zu einem Meter langen Trieben sind ein Anblick mit Wellness-Effekt.

Einst stand er in jedem Blumenfenster, der Zierspargel. Seine Duldsamkeit gegen alle Widrigkeiten ließen ihn ganze Generation überstehen. Er kommt mit wenig Wasser und Dünger und jeder Art von Zimmertemperatur aus, solange es nicht friert. Dennoch entfaltet er seine zartgrüne Wedelpracht bei regelmäßigem Gießen und Düngen am besten. Staunässe allerdings verträgt er gar nicht, dann verfaulen seine fleischig verdickten Wurzelknollen. Das strauchartige Liliengewächs (Liliaceae) aus subtropischen Wäldern hat keine Blätter. Die Triebe besitzen vielmehr nadelförmige Scheinblätter, die eigentlich umgewandelte Sprosse (Phyllokladien) sind. Spinnmilbenbefall kann bei sehr hoher Trockenheit auftreten.

Immer an der Wand lang: Die beiden Wasserhyazinthentöpfe mit natürlichem Flair sind mit Zierspargel gefüllt und lockern die weiß geflieste Badezimmerwand auf. Grünes Licht für gute Morgenlaune!

Asplenium nidus

Nestfarn, Vogel-Nestfarn, Streifenfarn

Kühle Schönheit für Technikfreaks: Der Nestfarn setzt grüne Akzente im geradlinigen Ambiente und läuft in feuchtwarmer Umgebung zur Höchstform auf. Doch ein grüner Daumen ist für seine Kultur im Wohnraum schon vonnöten, damit er zu einem Prachtexemplar heranwachsen kann.

Als epiphytisch wachsender Bewohner tropischer Regenwälder mag es der Nestfarn hell bis schattig und regelmäßig warm und feucht. Das Streifenfarngewächs (Aspleniaceae) ist nicht anspruchslos und braucht gute Beobachtung. Denn ein Zuwenig an zimmerwarmem, abgestandenem Wasser oder ein Zuviel an Dünger würde ihn schnell von den Blatträndern her vertrocknen lassen. Regelmäßigkeit ist also das Zauberwort, auch was das Übersprühen seiner hellgrünen, attraktiven, ungeteilten, lanzettförmigen Blattspreiten betrifft. Dann kann er bis zu 1,5 Meter ausladend werden, was ideal für Wintergärten ist. Anfällig ist der Farn für Blattälchen, Schildläuse und Nematoden.

Die hellgrünen Blätter des Nestfarns im kühlen, geradlinigen Edelstahltopf wirken leicht und entspannend, das ist das perfekte Rezept für erholsame Wellnessstunden nach einem anstrengenden Großstadttag.

Bambusa vulgaris
Bambus, Bambusgras

Abtauchen im privaten Paradies! Grüne Riesen wie der Bambus mit seiner ausdrucksvollen Gestalt schaffen Inseln des Wohlbefindens. Ob im Wintergarten, im Badezimmer oder Wohnbereich, Wellness nimmt so sichtbar Gestalt an!

Während er am Naturstandort bis zu vier Meter hoch werden kann, kommt er in Zimmerkultur selten über zwei Meter hinaus. Das zu den Süßgräsern (Poaceae) zählende Gewächs reizt durch seine attraktive Form. Meist wachsen die schopfartigen Wedel seitlich aus Stammstücken, was an seine großen Verwandten erinnert. Eine gleichmäßige Feuchte durch regelmäßiges Gießen, eine hohe Luftfeuchtigkeit durch häufiges Übersprühen mit weichem, kalkfreien Wasser und ein warmer, luftiger, heller bis sonniger Standort lassen den Asiaten gut gedeihen. Bei hoher Trockenheit besteht die Gefahr des Spinnmilbenbefalls. Auch stauende Nässe würde dem Bambus den Garaus machen.

Neben der Wanne ist in vielen Badezimmern eine Stelle, an der auch ein großer Bambus seinen Platz findet. Im Edelstahlkübel nimmt das Grün auch der nüchternsten Nasszelle ihre Strenge.

Beaucarnea recurvata

Elefantenfuß, Flaschenbaum, Klumpstamm, Ponyschwanz

Wie eine exotische Diva tritt der Elefantenfuß auf, dabei ist er eine echte Anfängerpflanze. Als stilistisches Bäumchen-wechsle-dich macht er jeden Einrichtungslook mit und beschert auch Menschen ohne grünen Daumen höchste Gärtnerehre.

Ihrem mit zunehmendem Alter skurril sich verdickenden Stamm, der dem Vergleich mit einem Elefantenfuß Stand hält, verdankt die Vertreterin der Drachenbaumgewächse (Dracaenaceae) Name und Beliebtheit. Wegen ihrer Anspruchslosigkeit eifert sie auch mit dem Alter den Dickhäutern nach. Luftige, helle bis vollsonnige Standorte bei regelmäßigen Wasser- und Düngergaben lassen ihren überhängenden, fontänenartigen Blattschopf prächtig gedeihen. Regelmäßiges Übersprühen tut ihr gut und beugt dem Befall mit Spinnmilben vor. Die attraktive Solistin, aus den Trockengebieten Mexikos stammend, kann in Zimmerkultur nicht selten bis zu drei und mehr Metern groß werden und übersommert gerne auch im Freien.

Was für ein Prachtexemplar! Drei unterschiedliche Höhen, von denen die größte bis unter die Decke reicht, bilden den grünen Blickfang des Wohnzimmers. So eine Solitärpflanze verwandelt den Raum genauso wie ein wertvolles Kunstwerk.

Begonia Cultivar (Elatior-Gruppe)

Elatior-Begonie, Blütenbegonie, Schiefblatt

Wir kennen sie noch aus Kindertagen. Heute bringt die Begonie mit neuen Züchtungen und zarten Farben eine Prise blühende Romantik ins moderne Wohnambiente unserer Zeit.

Wer eine zuverlässige Dauerblüherin durchs Jahr wünscht, liegt mit der Elatior-Begonie genau richtig. In reicher Farben- und Formenauswahl erfreut das Begoniengewächs (Begoniaceae) mit ebenso vielseitiger Blütenvariation. Wie die Verwandte, die Blattschmuckbegonie, wünscht sie einen hellen aber nicht sonnigen Standort. Gleichmäßige Wärme und Feuchtigkeit ohne Übernässung oder gar Trockenperioden sind der tropischen Pflanze wichtig. Bei zu geringer Luftfeuchtigkeit ist sie anfällig gegen Echten Mehltau, Spinnmilben oder Thripse. Regelmäßige Wasser- und Düngergaben, am liebsten mit kalkarmem, möglichst abgestandenem Wasser, garantieren lang anhaltenden Blütenreichtum.

Üppiger Blütenspaß in Dur: Duftige rosa Blüten haben einen Kragen aus Efeu bekommen. Als Doppel in hohen Pokalen inspirieren sie beim Üben der Klassiker. Nur zu dunkel darf es nicht sein, dann werfen sie die Blüten ab.

Zarte Blüten zuhause

Sag's mit Blumen! Wo so nette, blühende Accessoires stehen, kommt man gerne zu einem kleinen Plausch zusammen. Die Schärpe aus Schmuckband sorgt für den Farbkick.

Ton in Ton greifen die cremefarbenen Blüten die Farbe des Sofas gekonnt auf. Eine Kombination, die edel und harmonisch wirkt und den Raum zudem groß und weit wirken lässt.

Das Spiel mit Kontrasten hat seinen ganz besonderen Reiz: Über dem eckigen Kübel aus sägerauen Brettern ranken zart und duftig die Blüten der Begonien in Rosé und Vanille. Mit zwei bis vier Pflanzen wirkt`s richtig üppig.

Begonia Cultivar
Blattbegonie, Schiefblatt

Großstadtnomaden schlagen ihre Zelte mal hier und mal da auf. Flexibel und unkompliziert wandern die Möbel mit – und natürlich auch die Pflanzen! Denn die wirkungsvollen Blattbegonien fühlen sich in jedem Ambiente wohl.

Sie gehören zu den vielgestaltigsten Zierpflanzen. Ihre schmückenden, stark gezeichneten, unsymmetrischen Blätter können metallisch leuchten, sind genarbt, genoppt, gewellt, rund, spitz oder länglich, ihr Blattrand gezackt, gezahnt oder gebuchtet. Farblich rangieren sie von Orange über Rot bis Purpur, von Gelb über alle Grüntöne bis fast Schwarz. Aus tropischen Regenwäldern stammend, benötigen fast alle Schiefblätter lichte aber unbesonnte Standorte mit hoher Luftfeuchtigkeit. Direktes Besprühen der Blätter würde diese braun färben. Es ist ebenso zu vermeiden wie Ballentrockenheit und Zugluft. Anfällig sind die Begoniengewächse (Begoniaceae) gegen Schildläuse, Echten Mehltau und Thripse.

Süße Träume garantiert: In zwei hohen Gewächsen wachen die ausdrucksstarken Blattbegonien über den ruhigen Schlaf der Bewohner. Die leicht herzförmigen, samtigen Blätter verlocken zum Drüberstreicheln.

Überraschend haben sich Gäste angekündigt? Dann wandern die flexiblen schwarzen Pokale mit Begonienfüllung von der Fensterbank auf den Esstisch. Diese Sorte mit starker Blattzeichnung sorgt für gute Stimmung beim spontanen Menü.

Alleskönner im Blumentopf

Regalbegrünung ganz stylish: Die Blattbegonie im matt schwarzen Topf ergänzt das minimalistische Hightech-Ambiente. Da sie nur wenig Licht braucht, kann sie auch gut in weniger sonnigen Raumecken stehen.

Das lieb gewonnene Erbstück wirkt hip mit einer Reihe rotläubiger Begonien in grauen Übertöpfen. Um den gewünschten Farbton perfekt zu treffen, greifen Sie doch gleich selbst zum Pinsel!

Blechnum gibbum

Rippenfarn

Mit seinem saftigen Grün und den gefiederten Blättern wirkt der üppige Rippenfarn wie ein Relikt aus dem Urwald und verleiht dem Raum ein ganz neues, einladendes Gesicht.

Ein attraktiver Vertreter der Farngewächse (Blechnaceae) ist der Rippenfarn. Die bis fünfzig Zentimeter ausladend werdende Pflanze besitzt starke, gefiederte Wedel von kräftig grüner Farbe. Eine gleichmäßige Feuchtigkeit, so dass der Wurzelballen nie austrocknet, und ständiges Besprühen der Wedel zur Erhöhung der Luftfeuchtigkeit begünstigen das vitale Wachstum an einem hellen bis leicht schattigen Standort. Grundsätzlich sollte nur weiches, kalkarmes Wasser Verwendung finden. Mäßige Düngungen reichen aus, ansonsten besteht die Gefahr der Braunfärbung der Wedel. Anfällig zeigt sich die palmenartig wachsende Grünpflanze, die im Alter auch leicht stammbildend ist, für Blattläuse, Spinnmilben, Wollläuse und Schildläuse.

Stylisher Treff in der Beautyoase: Aus einer Gruppe verschiedener Farne ragt der Rippenfarn heraus. Die unterschiedliche Höhe der weißen Gefäße betont jedes einzelne Prachtstück.

Caladium lindenii
Buntwurz, Kaladie

Leichtigkeit verbreiten die grün-weißen Blätter des Buntwurz, die auf den zarten Stängeln zu schweben scheinen. Eine Grünpflanze, die zuhause jeden Tag unbeschwertes Sommer-Feeling verbreitet.

Diese Blattschönheit ist etwas für Pflanzenkenner, denn so grazil und außergewöhnlich ihr Aussehen, so heikel ist sie in der Pflege. Zum einen will die Vertreterin der Aronstabgewächse (Araceae) es ganzjährig gleichmäßig warm und hell, aber nicht sonnig. Zum anderen benötigt sie regelmäßige Wassergaben, jedoch sollten diese immer lauwarm sein. Und auch wenn die aus den Tropenwäldern Südamerikas stammende Pflanze eine hohe Luftfeuchtigkeit für die Ausbildung ihrer schön gemusterten Blätter benötigt, würde direktes Übersprühen zu deren Braunfärbung führen. Wer es dennoch versteht, dieser Diva die entsprechende Aufmerksamkeit zu schenken, wird viel Freude an ihr haben.

Ungewöhnlich wirkungsvoll: Der Buntwurz fühlt sich nicht nur im klassischen Übertopf sondern auch in einer ausladenden Schale wohl. Feines Granulat sorgt dafür, dass man die Erde nicht sieht.

Caryota mitis
Fischschwanzpalme

Exotik in den heimischen vier Wänden: Die Fischschwanzpalme mit ihren auffälligen Blättern weckt das Fernweh und nimmt uns mit auf die schönsten Fantasiereisen, wenn der nächste Urlaub noch in weiter Ferne liegt.

In ihrer Heimat Südostasien zählt sie zu den Holz liefernden Nutzpflanzen. Bei uns gehört sie aufgrund der ungewöhnlichen Blattform zu den attraktivsten Palmengewächsen (Arecaceae). Die doppelt gefiederten Wedel erinnern an einen Fischschwanz, daher der Name. Die mehrstämmige Palme mit den schlanken Trieben liebt einen hellen, aber nicht vollsonnigen Standort. Bei ausreichenden Wassergaben, gelegentlichem Düngen und häufigem Übersprühen kann das Braunfärben der Spitzen sowie Spinnmilben-Befall vermieden werden. Dabei sollte leicht temperiertes, abgestandenes Wasser verwendet werden, so dass keine Kalkflecken die Blätter stumpf erscheinen lassen.

Jenseits von Afrika liegt näher, als Sie denken: Der Topf der Fischschwanzpalme ist mit Rinde verkleidet. Begleitet wird der exotische Riese von Lampen, Kissen und Decken in den warmen Farben des schwarzen Kontinents.

Cephalocereus senilis

Schopfcereus, Greisenhaupt

Üppige Blüten und Dschungelfeeling sind nicht Ihr Stil? Auch für Puristen gibt es die richtigen Pflanzen. Der Greisenhauptkaktus passt auch in designorientiertes Ambiente und ist auch mit Wenigem zufrieden.

Sein Aussehen mit der filzig überzogenen Oberfläche an der Stammspitze, die ihn am Naturstandort vor der Sonne schützt, gab diesem Säulenkaktus den Namen Greisenhaupt. Und alt kann er auch werden, denn meist kommt er erst nach jahrzehntelanger Kultur zur Blüte. Der attraktive, aus Mexiko stammende Vertreter der Familie Kakteengewächse (Cactaceae) kann bis zur stattlichen Größe von 10 Meter wachsen, wenn er an einem hellen bis sonnigen Standort und bei mäßigen aber regelmäßigen Wassergaben gehalten wird. Im Winter verträgt er auch kühlere Temperaturen und mehr Trockenheit. Übersprühen fördert sein Wachstum und schützt vor Spinnmilben- und Schmierläusebefall.

Geschickt arrangiert, betonen Pflanzen die Architektur eines Raumes. So kann eine Reihe von Greisenhauptkakteen einem Erker eine neue Bestimmung geben. Aufgrund geringen Wasseranspruchs können ausnahmsweise Glasvasen als Gefäße dienen. Kerzenschimmer rückt das Lieblingsplätzchen ins rechte Licht.

Ceropegia linearis ssp. woodii

Leuchterblume, Rosenwein

Eigentlich ist sie eher von verträumter Natur, aber als echter Tausendsassa passt sich die Leuchterblume jedem Look an: mal zeigt sie sich im romantischen Stil, mal ganz schlicht, mal edel designt, je nachdem, wie man ihre langen Triebe stylt.

Man muss schon genau hinsehen, um den Sinn ihres deutschen Namens zu erfassen. Wie kleine Leuchter erheben sich die Blüten, wenn diese dankbare Ampelpflanze einmal blühen sollte. Den Seidenpflanzengewächsen (Asclepiadaceae) entstammt die anspruchslose Sukkulente. Aufgrund kleiner, verdickter Knollen verkraftet sie auch mal trockene Zeiten, obwohl regelmäßiges Gießen ihre bis zwei Meter lang werdenden Triebe schneller wachsen lässt. Diese sind mit den kleinen, runden bis herzförmigen Blättchen besetzt, die oben silbriggrün marmoriert, unten rötlich behaucht schimmern. Ihre Triebe lassen sich attraktiv um Formspaliere wickeln. Regelmäßiges Besprühen verhindert Spinnmilben-Befall.

Landhaus ganz verspielt: In drei originellen Gefäßen, die an Amphoren erinnern, ist die Leuchterblume hier wirkungsvoll aufgereiht. Nachstylen ist notwendig, wenn durch Wachstum die Triebe sich aus dem Tuff lösen.

Chlorophytum comosum
Grünlilie, Fliegender Holländer

Die Grünlilie trotzt auch widrigsten Umständen und hat einen Stammplatz in Büros oder kühlen Treppenhäusern. Richtig in Szene gesetzt, verliert sie auch den letzten Hauch eines angestaubten Images und verbessert Luft und Laune.

Das Liliengewächs (Liliaceae) zählt zu den anspruchslosesten Zimmerpflanzen. Es zierte schon die Wintergärten der feinen Gesellschaft im 18. Jahrhundert mit ihrem schopfartigen Wuchs und den schwertförmigen, teils gestreiften Blättern. Die krautige Staude nimmt nichts wirklich übel. Bei zu dunklem Standort vergrünen sich ihre ansonsten hellgrün-weißen Blätter, trockene Luft lässt die Blätter eventuell braun werden, allenfalls Staunässe könnte ihre verdickten, weißen Wurzeln zum Faulen bringen. An langen überhängenden Ausläufern bilden sich weiße Blüten und junge Brutpflanzen, die auch von Katzen als Futter geschätzt werden. Regelmäßiges Gießen und Düngen tut ihr gut.

Auf einer dekorativen Säule in einem moosumwickelten Topf entfaltet die üppige Grünlilie ihre ganze Wirkung. Der ausgefallene Wuchs mit den herabrankenden Kindeln, die auch als „fliegend" bezeichnet werden, zeigt sich von seiner schönsten Seite.

Cyclamen persicum
Alpenveilchen

Von der Allerweltspflanze hat es sich zur Styling-Queen gemausert: Das Alpenveilchen hat sein Oma-Image in der Altkleidersammlung abgegeben und gilt jetzt als Trendsetterin.

Neue Züchtungen haben ihm das Image als charakterlose Wegwerfpflanze genommen. Nun begeistern die orchideenähnlichen Blüten des Primelgewächses (Primulaceae). Diese erheben sich über meist kompaktem Laubdach aus herzförmigen, fein gezeichneten Blättern. Ein luftiger, heller, eher kühler Standort, gleichmäßige Feuchte und Übersprühen der Blätter im Sommer ist der aus Mitteleuropa stammenden Bergbewohnerin am liebsten. Nicht ins Herz der Knollen gießen, das führt zu Fäulnis. Ein kühler, trockener Winterstandort regt Blatt- und Blütenaustrieb im nächsten Jahr an. Anfälligkeit besteht für Spinnmilben, Thripse bei Lufttrockenheit sowie Schimmel bei feuchter, stehender Luft.

Ganz im Schwarz-Weiß-Look! Das weiße Alpenveilchen strahlt vor dem Hintergrund der matten schwarzen Schale besonders stark. Ein perlenbesetzter Gürtel aus grünem Ginster bringt das Outfit in Form.

Cyperus alternifolius
Zypergras, Regenschirmpalme

Ob groß, ob klein: Das Zypergras passt an jeden Ort. Egal ob als frischgrüne Deko oder als großer Raumteiler sorgt es für gute Atmosphäre. Auch an weniger hellen Standorten oder in Badezimmern fühlt sich die grasähnliche Pflanze wohl.

Was bei anderen den sicheren Tod bedeutet, ist sein Lebenselexier. Das zierliche, bis ein Meter groß werdende Gewächs aus der Familie der Sauer- und Riedgräser (Cyperaceae) braucht Wasser. Deshalb sollte es ständig Wasser im Untersetzer haben oder sogar in einem kleinen Bassin stehen. Auch ständiges Übersprühen liebt das aus den Feuchtgebieten der südlichen Erdhalbkugel stammende Gewächs, das sich schnell über Ausläufer oder abgeknickte Halme und die im feuchten Grund neu austreibenden Blattquirle vermehrt. Bei trockener Luft sind Blattläuse, Spinnmilben und Thripse die ärgsten Feinde und es stellen sich trockene Spitzen ein. Wichtig ist aber kalkfreies Wasser, sonst wird der Wuchs gehemmt.

Klarer Kopf durch gesunde Raumluft am Arbeitsplatz. Das dekorative Doppel am Schreibtisch unterstützt die Konzentration. Die grauen Töpfe wirken frisch und modern. Ihr matter Farbton ist ein guter Hintergrund für's frische Grün.

Cyperus papyrus
Papiergras, Papyrus

In der Antike wurde die Pflanze zur Papierherstellung genutzt, heute schreiben wir zwar E-mails statt Briefe. Trotzdem freuen wir uns über die dekorativen Eigenschaften des Papyrus.

Diese robuste Sumpfpflanze aus der Familie der Sauer- und Riedgräser (Cyperaceae) hat rundliche Halme mit stark pinselartigem Schopf. Sie stammt aus Ägypten. Ihr weißes Stängelmark wurde zur Herstellung von Papier verwendet, was diesem die Bezeichnung gab. Sie ist deutlich größer als ihre Artgenossen und erreicht mit zwei Metern auch in Zimmerkultur eine stattliche Größe. Übersommern im Freien in einem großen, Wasser gefüllten Becken bei warmen Temperaturen begünstigt ihre Entwicklung. Der Standort kann sonnig sein, in jedem Fall hell und luftig. Im Zimmer sollte sie ständig übersprüht werden, um ein Braunfärben der Triebe zu verhindern. Anfällig ist sie für Blattläuse und Spinnmilben.

An eine Wasserfontäne erinnert der große Papyrus und bringt so sommerliche Frische ins helle Wohnambiente. Setzen Sie vitale Farbakzente mit bunten Miscanthus-Blättern.

Dendrobium Cultivar

Baumwucherer, Phalaenopsisblütige Dendrobie

Ein Hauch von Nerz.... Die Dendrobium-Orchidee hat das gewisse Etwas und verbreitet im Nu luxuriöses Flair. Und das für lange Blühzeit.

Ihr deutscher Name Baumwucherer weist auf die epiphytische Herkunft dieser Orchidee (Orchidaceae) hin. In Nordaustralien und Indonesien wächst sie auf Bäumen, deshalb sollte man ihr in der Zimmerkultur idealerweise Holzkörbe mit speziellem, lockerem Orchideensubstrat gönnen. Sie bildet aus aufrechten, verdickten Sprossen traubige Blütenstände mit rundlichen Blüten in verschiedenen Farben und mit unterschiedlichen Zeichnungen. Im Sommer will sie reichlich gegossen und lediglich auf die Blätter übersprüht werden. Im Winter kann zurückhaltender gegossen und gedüngt werden. Ihr Standort sollte hell, aber nicht vollsonnig sein. Anfällig zeigt sie sich für Blattläuse und Schildläuse.

It's teatime! Der duftende Darjeeling am Nachmittag schmeckt noch mal so gut, wenn auch das Auge genießt. Die Pflanze sitzt in einem Nest aus den geschuppten Früchten der Raphia-Palme und Hasenfarnwurzeln und sorgt wochenlang für edle Dekoration.

Dracaena fragrans
Duftender Drachenbaum

Eine Pflanze für alle Sinne! Wer diesen Drachenbaum geduldig hegt und pflegt, wird mit dem betörenden Duft seiner Blüte belohnt. Schon vorher streichelt er mit seinem saftigen Grün die Seele.

Mit seinem buntlaubigen, gelbgrün gestreiften, länglichen Blattschopf sorgt der Drachenbaum für Aufmerksamkeit. Während er am Heimatstandort bis zu vier Meter hoch werden kann, erreicht er in Zimmerkultur und als Stammaustrieb achtzig Zentimeter. Das widerstandsfähige Drachenbaumgewächs (Dracaenaceae) liebt eine hohe Luftfeuchtigkeit, regelmäßiges Gießen und Düngen. Nässe würde zu Wurzelfäule führen. Um Spinnmilbenbefall zu vermeiden, sollte regelmäßig mit weichem, abgestandenem Wasser übersprüht werden. Bei zu langem Austrieb fördert ein Rückschnitt erneuten Stammaustrieb und damit verzweigteres Wachstum. Selten bildet sich ein stark duftender Blütentrieb.

Machen Sie aus einem einfachen Sofa eine kuschelige Wohlfühlecke. Grünpflanzen in Gruppen aufgestellt, schirmen das gemütliche Lesestündchen optisch ab und dienen als Rückzugsraum nach stressigen Tagen.

Echeveria setosa

Behaarte Echeverie, Rosettenpflanze

Designermöbel lieben starke Partner. Interessant in Szene gesetzte Echeverien sind das i-Tüpfelchen in Wohnzimmern im modernen Look und eine Herausforderung an Ihre Styling-Fantasie.

Das aus den Trockenregionen Mittel- und Südamerikas stammende Dickblattgewächs (Crassulaceae) erhält durch die fleischig verdickten Blätter mit ihrem zarten Haarflaum und dem aufrechten, sukkulent verdickten Stamm sein dekoratives Aussehen. Die Herkunft bedingt auch eine gewisse Pflegeleichtigkeit, denn das sparsame Gießen und Düngen kann im wöchentlichen Abstand erfolgen. Keinesfalls sollte in das Herz der Blattrosette gegossen werden und auch Übersprühen ist zu vermeiden. Dies würde leicht zur Fäulnis führen. Der alte deutsche Name Eisgewächs deutet darauf hin, dass die Echeverie gerne den Winter in kühlen Räumen bei absoluter Trockenheit verbringt. Anfällig ist die Südamerikanerin für Blattläuse.

Auf die Accessoires kommt's an: Kleine Zweige, Schoten oder Blätter verlängern den Rand der Zinkgefäße, in denen die Echeverien stehen. Eine ganze Reihe davon setzt das Sideboard ins rechte Licht. Besonders die Altersform mit langem, teilweise blattkahlem Stamm wirkt dekorativ.

Ein Horn aus Clematisranken birgt die leicht bemoosten Tontöpfe ganz im Stil des Shabby-Chic. So wirkt die Echeverie natürlich und designt zugleich. Da sie kaum gegossen werden muss, ist dies eine durchaus angemessene Pflanzenpräsentation.

Grüne Skulpturen für zuhause
aus der Fülle geschöpft

Echinocactus grusonii
Igelkaktus, Goldkugelkaktus, Schwiegermuttersessel

Mein kleiner grüner Kaktus ... kann sehr viel mehr als nur draußen auf dem Balkon stehen! Ob trendy, witzig oder edel reduziert, passt er mit den richtigen Accessoires in jedes Ambiente. Und wenn's ihm dort so richtig gut gefällt, kann er riesengroß und steinalt werden.

Einer der bekanntesten Sonnenanbeter ist der Schwiegermuttersessel aus der Familie der Kakteengewächse (Cactaceae). Mindestens sechs Stunden direkte Sonnenbestrahlung benötigt er. Seine Zier sind die attraktiven, dicken Rippen und ihr dichter Besatz gelblicher, gebogener Stacheln. Im streng botanischen Sinn sind es Dornen. Allerdings schützen diese ihn nicht vor möglichem Befall mit Wollläusen und Spinnmilben. Sein geometrisches Aussehen entspringt dem wolligen Scheitel, an dem sich auch nach Jahren wunderbare Blüten bilden können. Das langsame Wachstum, das manchesmal ein Menschenleben überdauert, lässt ihn bis zu einem Durchmesser von 1,30 Meter wachsen. Im Sommer wird er mäßig aber regelmäßig gegossen.

Keine Angst vor Zugluft: Das Kakteenduo steht auf einem kuscheligen Teppich und hat sich einen wärmenden Schal aus trendigem Filz umgewickelt. Wärme lieben die Kleinen ohnehin, sogar direkte Sonne.

Na denn, Prost! Statt Hochprozentigem sitzen hier Minikakteen – Verwandte des Goldkugelkaktus – mit buntem Granulat in kleinen Schnapsgläschen. Das setzt grüne Akzente auch da, wo wenig Platz ist.

Edel und reduziert greifen die Pflanzen den Clean-Chic auf. Mit ihren ausgewogenen Formen schaffen die beiden Kakteen eine Atmosphäre der Ruhe und Entspannung.

Das Gefäß macht's! Der Kubus bietet gleich einer ganzen Reihe Kakteen Platz. Selbst in Granulat oder Steinchen eingesetzt, fühlen sich die Wüstenbewohner, die nährstoffarme Erde gewohnt sind, wohl. Welcher ist wohl der Schwiegermuttersessel?

... und der sticht, sticht, sticht

Euphorbia meloformis

Melonenförmige Euphorbie, Kugel-, Baseballeuphorbie

Genügsame Stars ohne Allüren! Die Wüstenbewohner fürs Wohnzimmer brauchen nur ganz wenig Pflege und setzen dennoch aufregende Gestaltungs-highlights im modernen Ambiente.

Sie wird oft mit einem Kaktus verwechselt. Kein Wunder, denn ihre fleischige Kugel, die im Alter eine Säulenform annehmen kann, legt dies nahe. Dabei gehört die Kugel- oder Baseballeuphorbie zu den Wolfsmilchgewächsen (Euphorbiaceae) und nicht zu den Kakteen. Dekorativ wirken ihre meist acht Rippen, an denen sich später auch kleine Blütentriebe bilden können. Sie verträgt einen hellen bis sonnigen Standort und ist aufgrund ihres sukkulenten Wachstums auch wenig anspruchsvoll, was Wasser- und Düngergaben betrifft. Schließlich stammt sie aus trockenen Gebieten, die zudem im kalten Winter gar kein Wasser mehr bieten. Anfällig ist sie somit gegen Wurzelfäule, wenn es gleichzeitig nass und kühl wird.

Betonen den coolen Loftcharakter der Einrichtung: Drei Prachtexemplare der Baseballeuphorbie fühlen sich in eckigen Glasgefäßen mit Sand wohl. Eine extravagante Dekoration für den Esstisch aus Milchglas, die garantiert lange hält.

Euphorbia pulcherrima

Poinsettie, Weihnachtsstern

Wenn das keine Überraschung ist: Der Weihnachtsstern, der sonst immer traditionell daherkommt, hat sich jetzt in den neusten Prêt-à-porter-Look gehüllt. Das Revival feiert er durchaus keck und farbenfroh.

Sein deutscher Name sagt es unzweideutig: Er gehört zum Weihnachtsfest wie keine andere Pflanze. Dabei stammt der Weihnachtsstern ursprünglich aus Mexiko, wo das Wolfsmilchgewächs (Euphorbiaceae) stattliche Bäume bildet. Da er seine dekorativen, meist roten Hochblätter nur dann ausbildet, wenn er zwei Monate nicht mehr als zehn Stunden Licht bekommt, gilt er bei uns als Winterblüher. Das erschwert auch ein Wiedererblühen, denn er benötigt absolute Dunkelheit. Bei regelmäßigem Düngen und Gießen am hellen aber unbesonnten Standort blüht er bis zu drei Monate. Weiße Fliege, Thripse und Wollläuse sind seine tierischen Feinde. Zugluft verursacht Braunfärbung, ebenso Gießen ins Pflanzenherz.

Präsent in Pink! Die extravagante Geschenkschachtel ist selbst schon ein echter Hingucker. Mit einem Topf üppig blühender Poinsettien im Deckel wird sie zum Star des Catwalks.

Trendsetter im Natur-Outfit. Ein ausgehöhltes Stück Baumstamm kleidet den Weihnachtsstern perfekt. Bündel aus dünnen Zweigen betonen seine Linie. So wird der wieder entdeckte Klassiker zu einem festlichen Hingucker.

Leuchtender Stern im Designerlook

Vielseitiges Dress: eine geräumige Vase nimmt nicht nur Schnittblumen auf, sondern auch den Weihnachtsstern mit Ballen und Zweigen, die um ihn herum gesteckt sind.

Beine bis zum Himmel! Die blühende Pflanze sitzt in einem Topf, der von vielen feuerroten Zweigen gehalten wird – ein extravaganter Aussichtspunkt für den Weihnachtsstern!

Euphorbia tirucalli

Bleistifteuphorbie, Tirucalli-Wolfsmilch, Latex-Wolfsmilch

Lieben Sie Landhaus? Oder lieber die lässige Moderne? So außergewöhnlich die bizarre Latex-Wolfsmilch auch aussehen mag, sie passt sich jedem Stil an. Vor allem als ältere Pflanze erreicht sie eine Größe, die man schon als Baum bezeichnen kann.

Eine der bekannteren sukkulenten und skurril aussehenden Vertreterinnen der Wolfsmilchgewäche (Euphorbiaceae) ist die Bleistifteuphorbie. Wie es ihr Name besagt, hat sie sich stark verzweigende, bleistiftstarke Triebe. Kleine, lanzettliche Blättchen in den Triebgabeln, die jedoch meist bald schon wieder abfallen, unterstreichen das bizarre Aussehen. Im Alter kann sie zu einem stattlichen Busch heranwachsen und ziert dann als attraktive Solitärpflanze. Sie sollte hell bis sonnig stehen und nur mäßig gegossen werden. Bei zu großer Nässe neigt sie zu Wurzelfäule. Bei zu hoher Lufttrockenheit ist sie anfällig für Blattläuse und Spinnmilben.

Sonniges Gelb, helles Holz und himmelblau frische Akzente: In den klassischen Landhausstil bringen die beiden Bleistifteuphorbien die notwendige Prise Natur, aber auch den Touch Modernität.

Geradlinig, kühles Weiß und moderne Formen: Hier sorgen die Bleistifteuphorbien für die nötige Vitalität und sind im Doppel besonders wirkungsvoll. Ihre Anspruchslosigkeit macht sie zu beliebten Junggesellenbegleiterinnen.

Verzweigungen in Grün – und die Richtung stimmt

So wirkt sie ganz für sich alleine: Die bizarren Zweige brauchen nicht viele Accessoires. Eine Sammlung schlichter hoher Vasen und der Look ist perfekt.

Euphorbia trigona

Säuleneuphorbie, Wolfsmilch, Kandelabereuphorbie

Fans moderner Kunst werden sie lieben: Die Säuleneuphorbie wirkt wie eine kleine Plastik und holt Galerie-Atmosphäre nachhause, fast wie bei einer schicken Vernissage.

Ihre dreikantige Säulenform gab ihr den Namen Säuleneuphorbie. Das Wolfsmilchgewächs (Euphorbiaceae) verzweigt sich zudem wie ein Kerzenleuchter und kann zu einer stattlichen Größe bis zu einem Meter heranwachsen. Attraktiv sind ihre kleinen oval-länglichen Blätter, die sich im Bereich der Triebspitzen bilden und ihr ein schopfartiges Aussehen verleihen. Wie alle aus den Wüstenregionen stammenden Sukkulenten, benötigt sie einen hellen bis sonnigen Standort und sollte nur mäßig gegossen und gedüngt werden. Im Winter kann bei geringeren Zimmertemperaturen das Gießen auch eingestellt werden. Am zugigen oder zu kühlen Standort ist sie anfällig für Woll- und Schildläuse, sowie Spinnmilben.

Mit hohen schmalen Töpfen betonen Sie die Form der Säuleneuphorbie. Passend zu den Farben, die den Raum gestalten, haben die Gefäße einen schmückenden Kragen aus roten Zweigen bekommen.

Exacum affine

Blaues Lieschen, Bitterblatt, Sommerveilchen, Topfveilchen

Charmant und klein sind die Blüten des Blauen Lieschens. Blitzschnell lässt sich mit ihnen Atmosphäre in jede Ecke und in jeden Raum der Wohnung zaubern, zumal sie meist im knospigen Zustand, kurz vor dem Explodieren des Blühfeuerwerkes angeboten werden.

Sein kugeliger, buschiger Wuchs und die unzähligen kleinen, meist violetten Blüten mit der gelben Mitte machen das Enziangewächs (Gentianaceae) zu einer beliebten Topfpflanze für die Sommermonate. Allerdings erschöpft sich die Unermüdliche so, dass sie nach einer ca. zweimonatigen Blühzeit häufig nicht mehr weiter kultiviert wird. Während der Blüte sollte sie regelmäßig gegossen und gedüngt werden. Allerdings nicht zu viel und nicht auf die Blätter, da bei großer Nässe Neigung zu Stängel- und Wurzelfäule besteht. Für ein attraktives Erscheinungsbild sollte Verblühtes laufend ausgebrochen werden. An zugigem, zu kaltem oder zu dunklem Standort besteht Anfälligkeit für Weichhautmilben, Thripse und Blattläuse.

Die zarten Blüten sorgen für Frische auf dem Waschtisch, ein buntes Band um den Topf greift den Ton auf. – So macht schon das morgendliche Zähneputzen Laune. Die blühende Pflanze gibt es mittlerweile in vielen Farben.

Ficus binnendijkii

Schmalblättrige Birkenfeige, Schmalblättriger Gummibaum

Mit seinen schmalen Blättern schafft er ein üppig raschelndes Blätterdach und ist ein echter Garant für entspannende Mußestunden. Gönnen Sie sich doch mal eine grüne Auszeit!

Zu einem der robustesten Gummibäume aus der Familie der Maulbeerbaumgewächse (Moraceae) zählt der Schmalblättrige Gummibaum. Sein aufrechter, stark verzweigter Wuchs mit den länglichen Blättern bildet sich auch am schattigen Zimmerstandort. Mit dem im oberen Bereich leicht überhängenden, bis zu zwei Meter hoch werdenden Habitus ist er eine stattliche Erscheinung. Er sollte regelmäßig gegossen und gedüngt werden, dabei ist Wurzelfäule verursachende Staunässe zu vermeiden. Anfällig zeigt sich der Schmalblättrige Gummibaum vor allem bei hoher Lufttrockenheit für Wollläuse, Schildläuse, Spinnmilben und Thripse. Regelmäßiges Übersprühen mit abgestandenem, kalkfreiem Wasser beugt diesem vor.

Gewinnen Sie eine zusätzliche Rückzugsoase und machen Sie es sich auch mal tagsüber im Schlafzimmer gemütlich. Der Ficus binnendijkii schafft Atmosphäre, und wenn Sie regelmäßig lüften, schadet auch eine große Pflanze nahe dem Bett nicht.

Ficus carica
Echte Feige

Vom Blumenfenster direkt ins Menü! Mit ein wenig Glück und der richtigen Pflege können Zimmergärtner von der attraktiven Pflanze köstliche Feigen ernten. Und ein Augenschmaus sind die Prachtstücke sowieso!

Aus dem Mittelmeerraum und Vorderasien kommend, wurde die Echte Feige bei uns eingebürgert. Im Sommer kann sie als Kübelpflanze im milden Weinbauklima auch draußen stehen und verträgt helle, voll sonnige Standorte. Das Maulbeerbaumgewächs (Moraceae) will im Sommer viel gegossen und gedüngt werden. Im Winter, wenn die Blätter abgeworfen sind, ist ein dunkler Standort, allerdings bei tieferen Temperaturen, notwendig. Dann sollte der Baum fast trocken gehalten werden. Frost ist unbedingt zu vermeiden. Attraktiv sind die drei- bis fünflappigen Blätter, zu denen sich bei älteren Exemplaren im Sommer die wohlschmeckenden Früchte gesellen. Anfällig ist die Feige für Schild- und Blattläuse.

Grüner Rahmen für Blütenfülle: Die großflächigen Blätter der Echten Feige bilden einen wirkungsvollen Kontrast zu den duftigen Blüten der Bougainvillea. Ein sympathisches Paar, das in den grün und blauen Töpfen Farbe und einen Hauch Mittelmeer in den Alltag bringt.

Ficus cyathistipula
Verzweigter Gummibaum

Sie sehen den Wald vor lauter Bäumen nicht? Mit dem eindrucksvollen Verzweigten Gummibaum holen Sie sich die Natur direkt ins Haus.

Unter den für Zimmerkultur geeigneten zahlreichen Feigen-Gattungen ist der verzweigte Gummibaum mit seinem langen, schmalen, dichten, verkehrt eiförmigen Laub eine wahre Schönheit. Zudem bilden sich in den Blattachseln häufig die zierenden walnussgroßen, grünen Feigenfrüchte. Das Maulbeerbaumgewächs (Moraceae) will in den Sommermonaten am hellen aber nicht vollsonnigen Standort gleichmäßig gegossen und gedüngt werden. Im Winter kann er kühler, um zehn Grad herum, gehalten werden. Unterkühlung ist ebenso zu vermeiden wie Nässe, die schnell Wurzelfäule verursacht. Anfällig ist der ca. eineinhalb Meter hohe Strauch für Wollläuse, Schildläuse, Spinnmilben und Thripse.

So bringen Sie Vitalität in einen Raum, der in harmonischen Brauntönen gestaltet ist: Ein Prachtexemplar des Gummibaums sorgt mit seinen glänzenden grünen Blättern für einen Frischekick. Kleinere Pflanzen unterstreichen den Naturlook.

Ficus rubiginosa

Kleinblättriger Gummibaum, Braunroter Gummibaum

Bizarrer Stamm und üppige Krone. Seine Wuchsform und das üppige Grün machen den Braunroten Gummibaum zum Mittelpunkt der Familie, der sich ganz cool in Szene setzen lässt.

Ein hübsches Farbspiel zeigt der Braunrote Gummibaum, wie es sein Name bereits sagt. Neben seinen glänzenden, dunkelgrünen, ovalen Blättern, die dicht an dicht eine markante Baumkrone über einem kräftigen Stamm bilden, sind die Blattstiele, die Knospen und die jungen Blätter deutlich dunkler, teilweise sogar Rotbraun. Der zu den immergrünen Maulbeerbaumgewächsen (Moraceae) gehörende Ficus stammt aus Australien. In Zimmerkultur sollte er gleichmäßig gegossen und gedüngt werden, sowie an einem hellen, nicht vollsonnigen Standort stehen. Bei hoher Lufttrockenheit besteht Anfälligkeit für Wollläuse, Schildläuse und Spinnmilben, deshalb regelmäßig übersprühen.

Macht die Wohnküche zum beliebten Treffpunkt für alle Zwei- und Vierbeiner: Der Kleinblättrige Gummibaum mit seinem imposanten Stamm wird modern gestylt mit Edelstahltopf und Dekokugeln.

Guzmania Cultivar

Guzmanie

Temperamentvolle Naturen würzen ihr Heim gerne mit feurigen Farben. Guzmanien bringen in jedes Ambiente eine Prise Leidenschaft.

Durch Omas Bromelienfenster ist leider auch die Guzmanie in Verruf geraten, dabei haben Neuzüchtungen wunderbare Farben und Formen hervorgebracht. Das aus den tropischen Wäldern stammende Bromeliengewächs (Bromeliaceae) ziert mehrere Monate lang mit seiner farbenfrohen Scheinblüte. Stirbt diese ab, bilden sich neue Kindel. Ein heller bis leicht schattiger Standort ist ihr am liebsten, vor allem eine hohe Luftfeuchtigkeit. Deshalb sollte regelmäßig gegossen werden. Vor allem ist häufig mit zimmerwarmem und kalkfreiem Wasser zu übersprühen. Auch der Trichter sollte immer mit Wasser gefüllt sein. Anfälligkeit besteht für Blattläuse, Schildläuse und bei zu hoher Lufttrockenheit für Spinnmilben.

Der Flur ist die Visitenkarte jeder Wohnung! Begrüßen Sie Ihre Gäste mit feurigen Guzmanien in einem standfesten Zinkgefäß. Eingesteckte Zweige greifen das Rot der Blüte auf.

Gymnocalycium mihanovichii var. friedrichii

Roter Erdbeerkaktus, Brombeerkaktus

Die Komiker unter den Zimmerpflanzen haben zwar Stacheln, sind aber kunterbunt und fröhlich. Mit dem Erdbeerkaktus funktioniert jeder Look: Witzig, originell oder mal ganz edel.

Er besteht eigentlich nur aus dem roten, Blattgrün-freien Schopf. Deshalb muss der rippige, blasig aufgeworfene Körper des Erdbeerkaktus mit dem Stachelbesatz auch auf eine Kakteenunterlage gepfropft werden. Entstanden ist der Erdbeerkaktus per Zufall als Mutation und zählt zu den Kakteen (Cacataceae). Um ihn zu vermehren, werden Seitensprosse abgetrennt und wiederum auf eine andere Kakteenunterlage gepfropft. Auch gelbe und andersfarbige Spielarten sind bekannt. Alle stammen sie aus den Trockengebieten Südamerikas. Entsprechend minimal ist ihr Wasseranspruch. Im Winter bei geringeren Temperaturen sind sie sogar trocken zu halten. Anfällig sind diese Pflanzenkombinationen für Wollläuse.

Leuchtendes Highlight für einen schwarz glänzenden Topf: Statt einer großen Pflanze wirken viele kleine Erdbeerkakteen. Ihr leuchtendes Rot wird durch die eingesteckten Zweige noch betont.

Hedera helix

Efeu

Ein verträumtes Cottage auf dem Land, eingewachsen von üppig kletterndem Efeu. Mit der munter rankenden Pflanze, die es in vielen Blattformen und Farben gibt, gelingt der Look auch zuhause.

Die Attraktivität und farbige Vielfalt seiner dreilappigen Blätter, seine Anspruchslosigkeit und seine immergrünen Triebe machen den Kletterstrauch aus der Familie der Araliengewächse (Araliaceae) zu einem allseits beliebten Klassiker. Wenn auch als genügsamer Überlebenskünstler und Schattenpflanze bekannt, so ist ihm ein Dasein am hellen Platz ohne direkte Sonne lieber als eine dunkle Ecke. Regelmäßiges Gießen und Düngen dankt er mit gutem Wachstum und geringerer Anfälligkeit gegen Blattläuse, Spinnmilben und Thripse. Aufgrund seiner Haftwurzeln kann er sich an allem Möglichen emporziehen. Der Kletterkünstler macht auch als Ampelpflanze aufgrund seiner hängenden Triebe eine gute Figur.

Landhaus am Blumenfenster, ganz leicht gemacht: Ein Korbgefäß, bepflanzt mit wucherndem, panaschiertem, grün-weißem Efeu, wirkt ländlich und rustikal. Extratipp: Legen Sie immer ein paar Schätze dazu, die die Natur in der jeweiligen Jahreszeit bietet.

Howea forsteriana
Kentiapalme, Kentie

Draußen ist es trüb und nebelig und die nächste Reise noch in weiter Ferne? Mit einer Kentiapalme holen Sie sich das Flair der weiten Welt ins Haus. Ihr gefälliges Aussehen macht sie zu einer der beliebtesten palmähnlichen Pflanzen.

Mit der eleganten Kentiapalme als einer unkomplizierten Vertreterin der Palmengewächse (Arecaceae) kommt ein Stück Tropenflair ins Wohnzimmer. Sie liebt die Wärme, helle aber nicht besonnte Standorte und verträgt – im Gegensatz zu anderen Palmen – auch eine normale Luftfeuchtigkeit. Dennoch sind die fiedrig geteilten Wedel auf langen Blattstielen der bis zwei Meter hoch werdenden Schönheit dankbar fürs Übersprühen mit weichem, abgestandenem Wasser. Hartes Wasser würde bald hässliche Kalkflecke hinterlassen. Regelmäßiges Gießen, so dass der Wurzelballen nie austrocknet, und regelmäßige Düngergaben fördern den Wuchs. Anfällig ist sie gegen Schildläuse, Spinnmilben, Wollläuse sowie trockene Spitzen.

Entspannung unter Palmen: Der Pflanzenriese ist ein richtiger Blickfang in der Sitzecke. Noch exotischer wird's mit dem kugelförmigen Topf, der der Pflanze sicheren Stand verleiht, aber auch einen attraktiven Formenkontrast darstellt.

Vor dem Badezimmerfenster entwickelt sich die Kentie zu wahrer Größe und verleiht auch einem nüchternen Raum im Nu Flair und Individualität. Die schmiegsamen Wedel stören nicht, wenn's mal etwas enger wird.

Exotisches Grün für die Wellnessoase

Schwarz und Weiß im Bad – das wirkt edel und elegant. Ein Tropenhauch weht mit der Kentiapalme (rechts) durch den Raum, die leicht mit der zarteren und weniger robusten Goldfruchtpalme verwechselt wird.

Grünes Quartett: Ganz puristisch ist das Arrangement aus vier kleineren Kentiapalmen, die auf einem Hocker stehen und mit einem schwarzen Filzband umwickelt sind.

Hydrangea macrophylla
Hortensie

Üppige Blumenrabatten, duftende Blüten und summende Bienen – die nostalgische Hortensie lässt alte Erinnerungen an Großmutters Bauerngarten wach werden. Neue Sorten zaubern Jahrhundertwende-Romantik auch in eine moderne Stadtwohnung.

Kaum einer ahnt, dass das Steinbrechgewächs (Saxifragaceae) eine echte Asiatin ist. Aus den Bergwäldern Japans und Koreas stammend, braucht die Hortensie es hell, luftig und viel Feuchtigkeit, wie ihr Name besagt. Sie blüht am zweijährigen Holz bei guter Düngung im Sommer, gerne auch im Freien. Ihre ball-, tellerförmigen oder halbkugeligen Blütenstände blühen Rosa, Rot, Weiß oder Blau. Blaue Hortensien verfärben sich mit der Zeit häufig rosa durch die unwillkürliche pH-Wert-Erhöhung des Substrates aufgrund kalkhaltigen Wassers. Wer das nicht möchte, muss der Pflanze im knospigen Zustand Alaun verabreichen. Hortensien überwintern gerne in kühlen Räumen, dann sollte auch weniger gegossen werden.

Romantik light: Auch wenn Sie moderne schlichte Möbel lieben, können Sie mit ein paar Handgriffen Atmosphäre zaubern: Duftig pastellfarbene Vorhänge und Kissen und eine prächtige Hortensie in einem großen Topf, schon wird es traumhaft verspielt. Nach der Blüte regeneriert sie an kühlerem Standort.

Kalanchoe beharensis
Filzpflanze

Grün ist nicht gleich grün! Da ist die Natur äußerst kreativ. Mit den silbrig schimmernden Blättern der Filzpflanze, kontrastiert von dunklen Blatträndern, setzen Sie Akzente. Auch in gestalterischer Hinsicht. Denn die Filzpflanze ist ein Geheimtipp für Designästheten.

Eine der skurrilsten, anspruchslosesten und gleichzeitig interessantesten Pflanzen ist diese Vertreterin der Dickblattgewächse (Crassulaceae). Wie ihre Familienherkunft schon sagt, sind die großen, leicht spaten- bis herzförmigen Blätter mit ihrer filzigen Oberflächen die Attraktion. Ihr Belag bewirkt die ungewöhnliche gräuliche bis silbrig-grüne Farbigkeit. Die eigenwillige Solitärpflanze braucht einen hellen Standort, verträgt aber auch Sonne. Am zu dunklen Standort reckt sie sich dem Licht entgegen, was einen einseitigen Wuchs verursachen kann, und vergrünt. Gelegentliche Trockenperioden übersteht sie schadlos, allerdings verringert regelmäßiges Gießen die Neigung zu trockenen Blattspitzen.

Was für ein sonniges Pärchen! Die beiden Filzpflanzen bilden in den gelb leuchtenden Töpfen ein echtes Dream-Team und sorgen auch an trüben Tagen für fröhliche Sonnenstrahlen. Das akkurate Wuchsbild der jungen Pflanze kann sich in späteren Jahren zum Skurrilen hin verändern.

Kalanchoe blossfeldiana
Flammendes Käthchen, Kalanchoe

An jedem Blumenfenster grüßen sie, und selbst im Supermarkt ist das Flammende Käthchen zu erwerben. Mit ein paar Stylingtricks veredelt, sind sie kaum wieder zu erkennen. Als echter Teamplayer setzt die Brave häufig farblich starke Akzente.

Früher war sie eine beliebte Winterblüherin, die nur an den kurzen Tagen blühte. Neuzüchtungen ermöglichten ihr ganzjähriges Blühen, auch wenn mit den länger werdenden Tagen ihre Kraft nachlässt. Mit den kleinen, bunten, sternenförmigen Blüten ihrer Trugdolden bereitet das nur 15 cm groß werdende Flammende Käthchen in vielen Farben Freude. Diese heben sich leuchtend vor den dunkelgrün glänzenden, wachsartigen Blättern ab. Wird Verblühtes bei diesem widerstandsfähigen Dickblattgewächs (Crassulaceae) regelmäßig abgeschnitten, fördert dies den Neuaustrieb. Vor allem am hellen Standort bei regelmäßigen Wasser- und Düngergaben ist sie eine einfach zu kultivierende Zimmergesellin.

Eins, zwei, drei, ganz viele! In den kleinen Korbtöpfchen sind die Flammenden Käthchen ein echter Hingucker. Der Clou ist das zartrosa Band, passend zur Blütenfarbe.

Kalanchoe tomentosa

Katzenohr, Filzige Kalanchoe

Einmal darüber streicheln.... die kleinen Blätter des Katzenohrs sind so weich und samtig, dass man sie immer wieder berühren möchte. Die zierliche Form der liebenswerten Pflanze verlockt zu ungewöhnlichen Kombinationen mit fantasievollen Gefäßen.

Dieses mit einem silbrigen, filzigen Belag überzogene Dickblattgewächs (Crassulaceae) fällt durch seine interessante Erscheinung auf. Die kleinen, eher schmalen und leicht gezähnten Blätter sind an den Rändern rötlich bis braun verfärbt und zum Teil gesprenkelt. In ihrer Heimat wird die an Katzenpfoten erinnernde Pflanze ein bis 80 cm hoher Halbstrauch, was auch in Zimmerkultur nach Jahrzehnten erreicht werden kann. Selbst bei guter Pflege blüht sie selten. Dabei ist sie wenig anspruchsvoll. Ein heller bis sonniger Standort, regelmäßige Wassergaben und hin und wieder etwas Dünger reichen für ihr Wohlbefinden.

Keep cool! Der schlichte Zinktopf betont den kühlen Grauton des Katzenohrs. So kommt die Schmusepflanze ganz edel daher und ist die perfekte Dekoration für ein Glasregal im Technik-Look.

Spiel mit Strukturen: Glattes Holz, raue Töpfe, wollige Sisalmanschette – das sind die interessanten Begleiter des samtigen Katzenohrs. So kommen sinnliche Pflanzenfreunde auf ihre Kosten und das zierliche Gewächs groß raus.

Streichelweiche Blätter schlagen sanfte Töne an

Trendshow mit Katzenohr. Auf dem Catwalk des Sideboards laufen die neuen Topfmodells verhüllt mit Federn und Feenhaar, das ihnen mit Sprühkleber auf den Leib geschneidert wurde.

Muehlenbeckia complexa

Mühlenbeckie, Polsterknöterich, Myrtenteppich, Drahtstrauch

Wuselig rankt die Mühlenbeckie über Topfränder und lockert auch das strengste Ambiente auf. Die kleine Pflanze ist ein richtiger Gute-Laune-Bote für zuhause und fix von einer Stelle an die andere gestellt.

Mit der Wende ins 21. Jahrtausend trat dieser Neuling im Zimmerpflanzenbereich seinen Siegeszug an und eroberte aufgrund seiner feingliedrigen, liebenswert anmutenden Gestalt schnell die Herzen der Hobbygärtner. Das kriechende oder kletternde Knöterichgewächs (Polygonaceae) mit den fadendünnen, dunkelbraunen Trieben lässt sich ideal an Spalieren ziehen und beliebig in Form schneiden. Am Naturstandort Neuseeland bedeckt es schnell große Bodenflächen. Etwas kühlere Zimmertemperaturen sind ihm lieber als zu warme und besonnte Bereiche. Gleichmäßige Wurzelfeuchtigkeit verhindert Eintrocknen einzelner Triebbereiche. Bei Lufttrockenheit ist er anfällig für Blattläuse, Spinnmilben und Thripse.

Im Doppel haben die Zinktöpfchen mit charmanter Mühlenbeckien-Füllung auf einem Tresen Stellung bezogen. Sie schirmen neugierige Blicke ab und setzen gleichzeitig einen verspielten Akzent im sachlichen Umfeld.

Musa x paradisiaca
Zierbanane

Auch, wenn Ihnen die Früchte nicht in den Mund wachsen: Eine ausladende Zierbanane im Wohnzimmer versetzt Sie in exotische Gefilde und macht Lust auf einen fruchtigen Cocktail zur Siesta. Allerdings: Die tropische Schönheit will viel Aufmerksamkeit und Pflege.

Ihre stattliche Form macht diese Solitärpflanze zu einer beliebten Zimmerpflanze. Ihr schnelles Wachstum basiert auf einem hohen Wasser- und Düngerbedarf. Nachlässigkeit bei den Pflegediensten quittiert sie mit Braunfärbung der attraktiven, flächig-grünen Blätter. Ein heller, teils auch besonnter Standort kann nach mehreren Jahren zur Blüte mit einem auffälligen, schweren und hängenden Blütenstand führen, seltener zu Früchten. Oft bilden sich seitliche Ausläufer. Ideal ist für die typischste Vertreterin der Bananengewächse (Musaceae) im Sommer ein Standort im Freien. Spinnmilben, Schildläuse und Pilzbefall stellen sich jedoch leicht bei weniger optimalen Bedingungen ein.

Vanillegelb, Cremetöne und warmer Holzfußboden. So viel südliche Atmosphäre braucht einen grünen Akzent. Den liefert die Zierbanane im weiß gekalkten Topf: Als Solistin frischt sie den lichten Look auf und lässt Fernweh entstehen.

Nephrolepis exaltata

Schwertfarn, Nierenschuppenfarn

Im Wald wächst er unterm dichten Blätterdach und auch zuhause holen Sie sich mit dem Schwertfarn Dschungelatmosphäre in die Wohnung. Das satte Grün ist vitale Wellness pur und frischt jeden Raum auf.

Aufgrund seiner immergrünen, gewellten und stark gefiederten Wedel mit überhängendem Wuchs und seinem buschigen, schopfartigen Habitus erfreut sich der typischste Vertreter der Schwertfarngewächse (Nephrolepidaceae) großer Beliebtheit. Allerdings: Ganz unheikel ist er nicht! Aus einer tropisch-subtropischen Heimat stammend, benötigt er hohe Luftfeuchtigkeit, weshalb er häufig in Feuchtbereichen wie Bädern zum Einsatz kommt. Häufiges Übersprühen mit „weichem", kalkfreiem Wasser, regelmäßiges Gießen und Düngen und ein ganzjähriger warmer, heller und zugfreier Standort sind Voraussetzungen, die er mit grüner Vitalität dankt. Ansonsten ist er anfällig für Blattläuse, Schildläuse und Thripse.

Durch seine Pflegeansprüche ist der Schwertfarn fast schon eine klassische Badezimmerpflanze. Setzen Sie ihn mit einem Topf aus Wasserhyazinthengeflecht und Sisalaccessoires in Szene. Im natürlichen Look nimmt er dem schwarz-weißen Raum jede Strenge.

Pachypodium lamieri
Madagaskarpalme

Sie wünschen sich dahin, wo der Pfeffer wächst? Um sich ganz weit weg zu träumen, reicht vielleicht schon eine Madagaskarpalme als Blickfang in der Wohnung, schon geht die Fantasie auf Reisen.

Ihr deutscher Name ist irreführend. Aufgrund des sukkulent verdickten Stammes mit der starken Dornenbildung und ihrem Blätterbesatz im oberen Bereich erinnert sie zwar an Palmen, gehört aber zu den Hundsgiftgewächsen (Apocynaceae). Die aus dem trockenen Madagaskar stammende Pflanze verträgt einen voll sonnigen Standort. Gegossen werden muss sie nur mäßig. Nässe ist zu vermeiden, da sonst Wurzelfäule droht. Blattfall ist normal, das führt zu dem baumartigen Aussehen. Am natürlichen Standort wirft sie im Sommer sogar alle Blätter ab, was in der Kultur durch regelmäßiges Gießen unterbunden werden kann. Vorsicht ist allerdings mit den Blattdornen dieser anspruchslosen wie attraktiven Pflanze geboten!

Eins ist keins und zwei sind viele: Das Topfduo macht mehr aus der einzelnen Madagaskarpalme. Der kleine Topf ist mit Steinen gefüllt, dem gleichen Material, das auch im großen die Erde abdeckt. So wirkt das Arrangement wie aus einem Guss.

Paphiopedilum Cultivar
Frauenschuh, Venusschuh

Ihren deutschen Namen hat die auffällige Blüte vom begehrtesten Shopping-Artikel der meisten Frauen. So wie Schuhe das i-Tüpfelchen auf dem Outfit sind, gibt der Frauenschuh Ihrem Zuhause den perfekten Style.

Der aus den tropischen Wäldern Ost- und Südostasiens stammende Frauenschuh zählt zu den beliebtesten Orchideen (Orchidaceae). Ihren Namen verdankt die erdbewohnende Vertreterin ihrer Blüte, die mit ihrer rundlich geformten Lippe an einen Schuh erinnert. „Fußkalt" mag sie es allerdings überhaupt nicht. So sind Bodenkälte und Zugluft zu vermeiden. Auch will sie mit weichem, also kalkfreiem Wasser in Zimmertemperatur gegossen werden. Aber nicht „ins Herz" zwischen die Blattspreiten, das würde schnell zum Verfaulen der fleischigen Wurzeln führen. Stattdessen die Blätter häufig übersprühen, das beugt auch ihrer Anfälligkeit für Blattläuse, Schildläuse, Spinnmilben und Thripsen vor.

Gleich ein komplettes Paar: Die Wurzelballen der beiden Pflanzen sind mit Moos und Steelgras umwickelt und mit Glitzersteinen aufgepeppt. Damit sind sie der perfekte Rahmen für die edlen Blüten.

Peperomia caperata

Zwergpfeffer, Peperomie

Dem Wohnzimmer fehlt's an Pep? Würzen Sie Ihr Heim mit einer kräftigen Prise Rot und Schwarz und sparen Sie nicht an südamerikanischem Temperament! Die feurige Peperomie hilft Ihnen dabei.

Als ideale Begleitpflanze im Zusammenspiel mit anderen erweist sich der Zwergpfeffer. Seine runzeligen, leicht herzförmigen, zudem dunkelgrünen bis rötlichen Blätter mit den attraktiven roten Stielen sind trotz seines buschigen, niedrigen und rosettenartigen Wuchses ein Hingucker. Mit etwas Glück erheben sich über der Laubkuppel bald die Mäuseschwanzähnlichen, hellen Blütenstände. Das Pfeffergewächs (Piperaceae) will einen hellen, aber nicht sonnigen und ganzjährig warmen Standort, sowie regelmäßige Wasser- und Düngergaben, aber keine Nässe. Regelmäßiges Übersprühen dankt sie mit vitalem Wuchs. Anfälligkeit zeigt sie für Blattläuse, Schildläuse, Spinnmilben und Schnecken.

Gepfeffertes Würfelspiel: In quadratischen Töpfen stehen sich je zwei Peperomien und zwei Frauenschuhorchideen gegenüber. Kleine Akzente, die den feurigen Stil bereichern.

Ein scharfes Paar würzt die Sofaecke: Auf dem feuerroten Beistelltisch stehen wuchtige schwarze Pokale, die mit Peperomie und Zierpfeffer mit roten Früchten gefüllt sind. Legen Sie doch mal frische Paprika dazu – eine Deko mit Augenzwinkern.

Einmal kräftig nachwürzen, bitte!

Als Vermittler zwischen Wohnstil und Pflanze spielen Töpfe eine wichtige Rolle. Die Reihe rotglänzender Gefäße, in denen die Peperomien stehen, verbinden das Temperament der Blumen mit jedem schlichten, modernen Look.

Pleiospilos nelii
Lebender Granit

Fast schon ein wenig skurril: Pleiospilos ist die perfekte Pflanze für Individualisten. Mit ihrem ungewöhnlichen Äußeren und dem Look einer modernen Plastik regt sie zu nahezu grenzenlosen Design-Ideen an.

Ihre runden bis kantigen, glatten, ebenmäßigen Körper ohne erkennbare Triebe oder Blätter erinnern an die Form von Steinen, Kiesel oder Granitbrocken. Die scheinbar leblosen Vertreter der Mittagsblumengewächse (Aizoaceae) sind damit ein ausgesprochenes Liebhaberobjekt. Die aus den Trockengebieten Südafrikas stammenden Sukkulenten benötigen ein trockenes, sandiges Substrat, täglich mindestens vier Stunden direkte Sonneneinstrahlung und nur sehr wenig Wasser. Im Winter dürfen sie gar nicht gegossen werden. Die ungewöhnliche wie interessante Sonnenanbeterin belohnt Nichtbeachtung mit bis zu acht Zentimeter groß werdenden und lange haltbaren Blüten. Anfällig ist sie für Wollläuse und Spinnmilben.

Beine hoch und entspannen: Die kleine Wüstenlandschaft verspricht ruhige Momente auf der modernen Liege aus natürlichem Geflecht. Die wie Steine oder Kiesel aussehende Pleiospilos nehmen den Blick gefangen und wirken in der Kombination mit der Tradeskantie, hellem Granulat und schönen Steinen.

Geradlinig, grafisch und genau das Richtige für Menschen, die einen reduzierten Stil lieben und auf Schnickschnack gerne verzichten. Eine Reihe von Pleiospilos in einem eckigen massiven Gefäß. Will man sie irgendwann zum Blühen bringen, sollte dieses Arrangement täglich direkt von Sonne bestrahlt werden.

Modernes Design mit Wüstencharme

Cooler Steingarten schnell gestaltet: In der flachen Glasschale liegen formschöne Kiesel, die die passende Umgebung für pflegeleichte Sukkulenten wie die Pleiospilos bieten. Philosophische Naturen mischen Steine mit Texten darunter!

Design mit Durchblick! Zu schlichten modernen Möbeln passen die umfunktionierten Vasen, die in einem Bett aus zerbrochenen Muscheln oder grauem Kies die interessante Pleiospilos beherbergen.

Rhapis excelsa

Steckenpalme, Hohe Steckenpalme, Mädchenpalme

Wer spielt mit Entdecker und Schatzsuche? Kleine Piraten und erlebnishungrige Väter erleben im richtigen Ambiente tolle Abenteuer. Der tropische Regenwald hält zuhause schnell mit einer üppigen Raphis Einzug.

Bis zu zwei Meter groß wird die attraktive wie widerstandsfähige Vertreterin der Palmengewächse (Arecaceae) mit den bambusähnlichen Stängeln. Vor allem an dunkleren Zimmerstandorten ist sie mit ihren fächerförmig gefiederten Wedeln und den sichtbaren braunen Fasern ein grünes, exotisches Highlight. In der sommerlichen Wachstumszeit muss sie viel gegossen werden, im Winter nur so viel, dass der Wurzelballen nie austrocknet. Aufgrund ihres vielstämmigen, auch im unteren Bereich reich mit Wedeln besetzten Wuchses sollte sie als ältere Pflanze einen Solitärplatz erhalten. Bei niedriger Luftfeuchtigkeit bekommt sie braune Spitzen, deshalb häufig besprühen.

Ein neues Familienmitglied in der Spielecke: Die Steckenpalme entspannt nicht nur Elternaugen, sie wird auch von den Kleinen geliebt. Im soliden Holzkübel steht sie stabil und hält schon mal eine Runde Versteckspiel aus.

Rhipsalis Cultivar

Binsen-, Korallen-, Rutenkaktus, Aufsitzerkaktus

Viel mehr als einfach nur eine Hängepflanze! Der hängende Rutenkaktus sorgt nicht nur mit seinem Grün für gute Laune. Bei der richtigen Pflege schweben darüber im Winter auch noch porzellanweiße Blüten und Beeren.

Die Vielfalt der als Aufsitzerpflanze bekannten Binsenkaktee ist groß. Sie wächst meist strauchartig, leicht aufrecht bis später überhängend, ist stark verzweigt und ihre in kleine Glieder unterteilten Triebe können je nach Art auch leicht verdickt sein sowie mehr oder weniger starke Behaarung aufweisen. Das Kakteengewächs (Cactaceae) bezieht sein Lebenselexier aus einer hohen Luftfeuchtigkeit und sollte demzufolge häufig übersprüht werden. Manche Arten erfreuen mit kleinen Blüten, die später korallenartige Beeren bilden. Regelmäßiges aber mäßiges Gießen fördert ein gleichmäßiges und fülliges Wachstum. Anfälligkeit zeigt sie vor allem bei hoher Trockenheit für Spinnmilben, Wollläuse und Schildläuse.

Für die kleine Pause am Arbeitsplatz: Wer den Blick während der Arbeit auch mal über frisches Grün schweifen lässt, tankt neue Energie und kann umso konzentrierter weiter arbeiten. In Hydrokultur ein pflegeunaufwändiger Bürobegleiter.

Rhododendron simsii
(Indische) Azalee, Zimmerazalee

East meets west. Einen leicht asiatischen Touch verbreitet der Wuchs der Azalee. In Wohnungen mit geradlinigen Möbeln und niedrigen Sitzgruppen unterstützt sie den edlen Stil aus Fernost und gewährt in Bodengefäßen blütenreiche Ausblicke auf seidig schimmernde Naturjuwelen.

Die Azalee, eine der wenigen winterblühenden Pflanzen, stammt aus frisch-kühlen Bergregionen. Das deutet darauf hin, dass die Vertreterin der Erikagewächse (Ericaceae) eher einen kühlen Standort im Zimmer benötigt. Wer lange Freude an ihr haben möchte, verabreicht ihr kalkarmes oder abgestandenes Regenwasser. Staunässe sowie Austrocknen sind zu vermeiden, sonst reagiert die buschig Wachsende mit Blüten- und Knospenabwurf bzw. Braunfärbung der Blätter. Am besten, man taucht den Tontopf, mit dem sie als eine der wenigen Zimmerpflanzen immer angeboten wird, in lauwarmes Wasser, bis der Wurzelballen einmal durchtränkt ist und lässt überschüssiges Wasser wieder ablaufen.

Der hohe, matte Topf bringt die Blütenfülle der Azalee perfekt zur Geltung und ist ein wirkungsvoller Kontrast zu den asiatisch angehauchten Gefäßen im Hintergrund. Nach ihrer Blütezeit sollte sie an einem schattigen Platz im Freien „übersommern". So ermöglichen Sie erneute Blühfreude auch im nächsten Jahr!

Saintpaulia ionantha
Usambaraveilchen, Saintpaulie

Lange Zeit galten Usambaraveilchen als altmodisch und durften höchstens auf Omas Fensterbank ihr Dasein fristen. Das ist nun vorbei: Gekonnt in Szene gesetzt, wird der samtblättrige Langblüher zum farbenfrohen Blickpunkt im modernen Ambiente.

Sie liebt alles gemäßigt: mäßige Temperaturen, also weder zu warm noch zu kalt, mäßige dafür regelmäßige Wassergaben, diese vor allem mit kalkfreiem, abgestandenem Wasser und nie auf die Blätter, sowie mäßige Helligkeit. Direkte Sonne würde schnell ihre behaarten, fleischigen Samtblätter verbrennen. Die kleine Bescheidene aus der Familie der Gesneriengewächse (Gesneriaceae) ist ansonsten eine genügsame Pflanze mit enormer Blühkraft. Anfällig ist die geduckt wachsende Rosettenpflanze gegen Blattläuse, Milben und Echten Mehltau. Selbst weniger erfahrenen Hobbygärtnern gelingt es, sie über Blattstecklinge zu vermehren.

Bis zu zehn Usambaraveilchen passen in das ausladende Pflanzgefäß. Kränze aus Leinenfaser und Hagebutten machen das Arrangement zum dekorativen Highlight.

Duo mit Durchblick. Kreisförmig gedrehtes Peddigrohr verdeckt die wenig dekorativen Kulturtöpfe. So veredelt macht die traditionelle Pflanze auf jedem Designer-Beistelltisch eine gute Figur.

Ein Schälchen voller Blütenspaß. Die einzelne Pflanze hat einen strahlenden Auftritt inmitten kurz geschnittener Hartriegelzweige, die fest in einem Sandbett stecken.

Das Trendmaterial Filz peppt die samtigen Blüten auf: Kuschelige Nuggets werden auf Draht gezogen und um die Pflanze gelegt. Zu Filzsets oder einem Tischläufer perfekt!

Neuer Auftritt für Omas Liebling

Sansevieria trifasciata

Sansevierie, Bogenhanf, Schwiegermutterzunge

Die Sansevierie hat eine lange Zimmerpflanzenkarriere aufzuweisen. Die als Junggesellen- oder Oma-Pflanze verschriene Überlebenskünstlerin kommt in Zeiten schlicht-cooler Interieurs zu neuen Ehren.

Ihr kann man alles zumuten, was für andere Pflanze der sichere Tod wäre. Ob trockene Luft, ein dunkler Standort oder Trockenheit, die schwertförmigen, derben Blätter widerstehen nahezu allem. Pilze oder tierische Schädlinge sind nicht bekannt. Einzig stauende Nässe würde ihren dickfleischigen Rhizomen den Garaus machen. In Afrika schätzt man das Drachenbaumgewächs (Dracaenaceae) als Nutzpflanze aufgrund seiner hanfartigen Fasern für die Seilerei.

Wüste en miniature: Glasgefäße geben den Blick frei auf Sansevierien, die in geschichtetem Sand stecken. In einer wirkungsvollen Gruppe setzen sie moderne Akzente an einer Fensterfront nach dem Motto: Weniges, davon aber viel.

Schefflera arboricola

Strahlenaralie, Lackblatt, Kleinblättrige Schefflera

Entspannen – allein oder mit lieben Freunden – ist der schönste Moment im hektischen Alltag. Steht in unserer Lieblingsecke sattes Grün, wie die Schefflera, gelingt es im Handumdrehen, in Feierabendstimmung zu kommen.

Seine Beliebtheit verdankt das Araliengewächs (Araliaceae) seiner Unempfindlichkeit. Ideal ist die verholzende Großpflanze für kühlere Standorte, wie Schlafzimmer, Flure, Wintergärten oder Eingangsbereiche. Die dunkelgrünen Arten benötigen weniger, die hellen oder weißgrünen Arten mehr Licht. Regelmäßiges Gießen mit kalkfreiem Wasser ohne stauende Nässe und mäßiges Düngen lässt sie zu stattlicher Größe heranwachsen. Ein gelegentlicher Rückschnitt fördert verdichtenden Neuaustrieb, gelegentliches Übersprühen verringert die Anfälligkeit gegen Schildläuse, Spinnmilben und Thripse. Der botanische Name erinnert an den Danziger Botaniker Jacob Christian Scheffler aus dem 18. Jahrhundert.

Edles schwarzes Leder und ruhige Wände – statt vieler kleiner Pflanzen reicht da oft eine einzige große, um Atmosphäre zu schaffen. Hier steht die Schefflera in einem schlichten, metallischen Gefäß und in Hydrokultur. Das ist pflegeunaufwändig und wirkt so wertvoll und modern.

Sedum morganianum

Schlangen-Fetthenne, Affenschwanz, Affenschaukel, Biberschwanz

Dekoriere lieber ungewöhnlich! Die kleine Pflanze ist genau das Richtige für Menschen, die das Ausgefallene lieben und in ihrer Umgebung auf besondere Eyecatcher setzen.

Das wulstförmige, auch an einen buschigen Schwanz erinnernde Dickblattgewächs (Crassulaceae) stammt aus den kühleren Trockenzonen Südamerikas und ist eine attraktive Ampelpflanze für die Zimmerkultur. Ihre überhängenden, rundum dachziegelartig mit fleischigen Blättern besetzten Triebe haben eine blau-grau bereift erscheinende Farbe. Leider fallen diese knubbeligen, kurzgestielten Blätter schon bei geringer Berührung leicht ab. Im Sommer will sie am hellen bis sonnigen Standort regelmäßig gegossen und gedüngt werden, im Winter benötigt sie bei abgesenkten Temperaturen eine Trockenzeit.
Bei älteren Exemplaren bilden sich rosa Blütentriebe. Bei zu nassem Standort besteht Gefahr der Fäulnis.

In der Kugelvase aus gerilltem Klarglas wird das Dickblattgewächs zum Blickfang, an dem niemand vorbeigeht. Ein Dekostein mit Textbruchstücken sorgt für Gesprächsstoff.

Solenostemon scutellarioides

Buntnessel, Coleus

Wer sagt denn, dass Blätter immer grün sein müssen? Die Buntnessel schmückt sich mit nahezu allen Farben des Regenbogens und bietet ein riesiges Spektrum für Dekofans.

Ob Purpur, Schwarz, Gelb oder Rot, einfarbig oder mehrfarbig gemustert, diese Lippenblütlerin (Lamiaceae) verfügt über ein unerschöpfliches Repertoire prachtvoller Blattzeichnungen. Umso unbedeutender sind ihre zarten, meist weißen bis lilafarbigen Blütchen, die sich in Kultur hin und wieder zeigen. Die als Blattschönheit zierende Zimmerpflanze mags im Sommer auch im Freien. Nicht zu heiße, helle bis schattige, keinesfalls sonnige Standorte bei gemäßigten Temperaturen, regelmäßigen Wasser- und schwächeren Düngergaben halten sie lange attraktiv. Über Blattstecklinge lässt sie sich leicht vermehren. Größere Exemplare begeistern als Solitäre, kleinere in Kombination mit anderen Pflanzen.

Think pink! Lebensfreude pur verströmt die Buntnessel, die hier Akzente in einem Wohnraum setzt, der sonst in zurückhaltendem Weiß gestaltet ist. Perfekt ist das Styling, wenn sich der bunte Farbton mit einem Kissen, einer Kerze oder einem anderen Accessoire noch mal wiederholt.

Wo geschnibbelt, gekocht und genascht wird, freut man sich auch über Schönes fürs Auge. Das Duo von grün-roter Buntnessel steht auf der Küchenfensterbank und ist mit Kränzchen aus Pfeffer und Schmuckdraht aufgepeppt. Viel Spaß beim Kochen!

Black is beautiful – und ein glänzender Hintergrund für die kontrastreiche Buntnessel, auf deren Blättern Dunkelrot neben Hellgrün leuchtet. Auf einem modernen Glastisch zieht das Arrangement alle Blicke auf sich.

Blickpunkte im Raum: Die hohen Bodengefäße, aus denen üppig die niedrige Buntnessel wächst, schaffen optische Grenzen und können einen Teil des Raumes leicht und ohne einzuengen von einem anderen abteilen.

Ob Küche oder Wohnzimmer: Die Nessel treibt's bunt!

Sparrmannia africana
Zimmerlinde

Das ganze Jahr Sommer! Mit ihren großen, zartgrünen Blättern schafft es die Zimmerlinde zwölf Monate lang, dass wir uns fühlen, wie an einem sonnigen Morgen. Frisches Maigrün, das Sie sich einfach ins Haus holen können.

Tatsächlich ist diese charmante, baumartige Solitärpflanze aus Südafrika mit den Lindengewächsen (Tiliaceae) verwandt. So liegt es in ihren Genen, dass sie viel Platz um sich herum benötigt, um ihre besondere Wirkung durch die großen herzförmigen, weich behaarten Blätter vollends zur Geltung bringen zu können. Wer ihr ein helles, luftiges Plätzchen gibt, sie gut mit Wasser versorgt, sie aber vor Staunässe bewahrt, sie nicht zu warm stellt, gegebenenfalls den Sommer auch im Freien genießen lässt, wird bald auch an ihren Blüten Freude haben. Allerdings ist sie am weniger optimalen Standort anfällig für Blatt-, Woll-, Schildläuse, Thripse, Weiße Fliege und Spinnmilben.

Sayonara! Reduziertem Asia-Styling gibt die Zimmerlinde natürlichen Charme. Der schlichte, niedrige Designertisch mit den Bodenkissen lädt – so begrünt – zu Sushi und Sake ein. Und nach Feng Shui ist sie die ideale Pflanze zur Stärkung der partnerschaftlichen Harmonie.

Tillandsia xerographica

Graue Tillandsie

Der grüne Daumen muss noch wachsen? Die optisch extravaganten Tillandsien sind nachsichtig und gestalten auch die Wohnungen der Zeitgenossen, die das Gießen und Düngen schon mal vergessen.

Die grau-grüne Tillandsie wächst meist als Aufsitzerpflanze auf Bäumen oder Felsen, wo sie sich mit Haftwurzeln festhält. Aus der Luft nimmt sie über Saugschuppen, die ihr die leicht gräuliche Farbe verleihen, Feuchtigkeit und Nährstoffe auf. Diese Vertreterin der Bromeliengewächse (Bromeliaceae) hat starre, in sich leicht gedrehte und eine Rosette bildende Blätter. Das verleiht ihr ein skurriles, interessantes Aussehen. Ihre Anspruchslosigkeit und das langsame Wachstum machen sie zu einer idealen Pflanze für alle, die ihre grünen Mitbewohner eher sich selbst überlassen. Ein heller bis sonniger Standort, gelegentliches Übersprühen oder kleine Wassergaben reichen.

Eine einladende Gesellschaft hat sich da auf dem Tisch in der dekorativen Metallschale zusammengefunden. Mit dabei die Tillandsie, die aufgrund fehlender Wurzeln nur aufgelegt und fixiert wird und von anderen Pflanzen und schön geformten Steinen begleitet wird. Ihr silbriger Grünton ist eine coole Ergänzung für den modernen Stil.

Zamioculcas zamiifolia

Zamioculcas

Ein harmonisches Plätzchen für die ganze Familie, zum Reden, Faulenzen, Spielen oder Lesen: Vitales Grün gehört einfach dazu. Die unkomplizierte Zamioculcas ist auch für Neulinge unter den Zimmergärtnern unproblematisch.

Zu einer regelrechten Trendpflanze avancierte das durch seine ungewöhnlichen Blätter auffallende Aronstabgewächs (Araceae), zumal es eine mehr als genügsame und leicht zu pflegende Schönheit ist. Ihre kräftigen, steifen, stark glänzenden Fiederblätter sprießen, sich unten verdickend, direkt aus dem fleischigen Rhizom. Sie können über einen Meter lang werden. Die exotische Erscheinung gedeiht am besten am hellen aber nicht voll sonnigen Standort. Ideal ist regelmäßiges Übersprühen mit kalkfreiem Wasser, um keine unschönen Flecken zu hinterlassen, sowie mäßige Wassergaben. Unbedingt sollte man sie in breite Gefäße pflanzen, um ihr Raum für die schnelle Blattvermehrung zu geben.

Grüner Power-Mix für ein Ambiente in Naturtönen: Zwei große Korbgefäße sind mit der kräftig grünen Zamioculcas gestaltet. Damit's noch grüner wird, sorgen eingesteckte giftgrüne Mitsumata-Zweige für den Kick.

Zantedeschia Cultivar

Calla, Aronstab, Zimmercalla, Schweinelilie, Aronskelch

Die edle Schöne trägt diese Saison einen neuen Look. Statt elegant und unnahbar ist das Outfit der Beauty jetzt modern, poppig und von kräftigen Farben dominiert. Die Pflanze geht mit der Mode!

Als Sumpf- und Feuchtwiesenpflanze am natürlichen Standort benötigt das aus Südafrika stammende Aronstabgewächs (Araceae) reichlich Feuchtigkeit. Allerdings sollte man ihre verdickten Wurzeln alle paar Wochen immer mal wieder austrocknen lassen, vor allem im Winter, um ein Faulen zu verhindern. Die elegante Blüherin mit den kelchförmigen Hüllblättern um die unscheinbaren, am Kolben sitzenden Blüten kann bis zu einem Meter groß werden und braucht viel Platz im Gefäß. Regelmäßige Düngergaben fördern ein intensives Nachschieben der Blütenschäfte und pfeilförmigen, glänzenden Blätter. Zum Besprühen ist abgestandenes Wasser zu verwenden. Anfällig ist sie für Blattläuse, Spinnmilben, Thripse und Weiße Fliege.

Modernes Design für Teppich und Vase, doch statt moderner Kunst schmücken zwei prächtige Calla-Pflanzen die Wand in der Sitzecke. Mal ganz ungewöhnlich stehen sie auf zwei metallfarbenen Säulen und sind so immer im Blickfeld.

Stichwortverzeichnis

A

B

C

D

E

F

G

H

I

K

Impressum

Herausgeber BLOOM's GmbH, Ratingen

Gesamtredaktion Hella Henckel

Text/Redaktion Hella Henckel, Susanne Mansfeld

Bildredaktion Renate Haller

Art Direction Marion Hennig

Grafik Mandy Schubert

Floristische Leitung Klaus Wagener

Floristik/Styling Team 'profil floral'

Herstellung Bettina Münch, Gordian Jenal

Fotos Patrick Pantze-Werbefotografie GmbH, Lage; BBH, www.flowercouncil.org, S. 88; VKC Holland, www.vkc.nl, S. 16, S. 28, S. 54, S. 56, S. 58, S. 84, S. 90, S. 114; Floradania, www.floradania.dk: S. 52. S. 60, S. 78, S. 120; Stars for Europe, www.stars-for-europe.info, S. 73, S. 74, S. 75

Druck Egedsa, Sabadell (E)

Wollgrasweg 41
70599 Stuttgart (Hohenheim)
E-Mail: info@ulmer.de
www.ulmer.de

ISBN: 978-3-8001-5399-2